U0134139

南宋中兴四大诗人

◎ 主编 金开诚

◎ 编著 丁明秀

吉林出版集团有限责任公司

吉林文史出版社

图书在版编目（CIP）数据

南宋中兴四大诗人／丁明秀编著. —长春：
吉林出版集团有限责任公司，2011.4（2011.6重印）
ISBN 978-7-5463-5037-0

Ⅰ.①南… Ⅱ.①丁… Ⅲ.①尤袤（1127～1194）—
生平事迹②杨万里（1127～1206）—生平事迹③范成大（
1126～1193）—生平事迹④陆游（1125～1210）—生平事
迹 Ⅳ.①K825.6

中国版本图书馆CIP数据核字(2011)第053472号

南宋中兴四大诗人

NANSONGZHONGXINGSIDASHIREN

主编／金开诚 编著／丁明秀
项目负责／崔博华 责任编辑／崔博华 钟 杉
责任校对／钟 杉 装帧设计／李岩冰 刘冬梅
出版发行／吉林文史出版社 吉林出版集团有限责任公司
地址／长春市人民大街4646号 邮编／130021
电话／0431-86037503 传真／0431-86037589
印刷／长春市华艺印刷有限公司
版次／2011年5月第1版 2011年6月第2次印刷
开本／640mm×920mm 1/16
印张／9 字数／30千
书号／ISBN 978-7-5463-5037-0
定价／14.80元

前　言

　　文化是一种社会现象，是人类物质文明和精神文明有机融合的产物；同时又是一种历史现象，是社会的历史沉积。当今世界，随着经济全球化进程的加快，人们也越来越重视本民族的文化。我们只有加强对本民族文化的继承和创新，才能更好地弘扬民族精神，增强民族凝聚力。历史经验告诉我们，任何一个民族要想屹立于世界民族之林，必须具有自尊、自信、自强的民族意识。文化是维系一个民族生存和发展的强大动力。一个民族的存在依赖文化，文化的解体就是一个民族的消亡。

　　随着我国综合国力的日益强大，广大民众对重塑民族自尊心和自豪感的愿望日益迫切。作为民族大家庭中的一员，将源远流长、博大精深的中国文化继承并传播给广大群众，特别是青年一代，是我们出版人义不容辞的责任。

　　本套丛书是由吉林文史出版社和吉林出版集团有限责任公司组织国内知名专家学者编写的一套旨在传播中华五千年优秀传统文化，提高全民文化修养的大型知识读本。该书在深入挖掘和整理中华优秀传统文化成果的同时，结合社会发展，注入了时代精神。书中优美生动的文字、简明通俗的语言、图文并茂的形式，把中国文化中的物态文化、制度文化、行为文化、精神文化等知识要点全面展示给读者。点点滴滴的文化知识仿佛颗颗繁星，组成了灿烂辉煌的中国文化的天穹。

　　希望本书能为弘扬中华五千年优秀传统文化、增强各民族团结、构建社会主义和谐社会尽一份绵薄之力，也坚信我们的中华民族一定能够早日实现伟大复兴！

目录

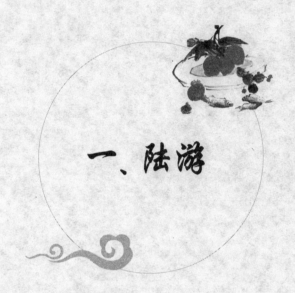

一、陆游

(一) 家世出身

中国有一首家喻户晓的古诗《示儿》：

死去元知万事空，但悲不见九州同。

王师北定中原日，家祭无忘告乃翁。

这首诗是一位父亲对儿子的临终遗嘱。诗中表达了一个老人至死都不忘因为外族入侵而山河破碎的祖国，因此希望自己的孩子能在光复中原的那一天，告诉他胜利的消息。从这首诗中，一位老人在人生的弥留之际所体现出的强烈的爱国之心跃然纸上。这位老人就是我国宋代最伟大的爱国诗人——陆游。

陆游生于宋徽宗宣和七年（1125年）十月十七日。他是越州山阴人（今浙江绍兴市），可是他的出生地并不是在山阴，而是在淮水上。因为当时他的父亲陆宰任淮南路计度转运副使，接到皇帝的圣旨，奉调入京，带着家眷从淮水乘船赶往京都汴京，陆游就出生在这次旅途中。

就在陆游出生的这年冬天，我国北方女真族建立的金朝开始大举南侵。当时宋王朝政治腐败，军队也腐朽到毫无作战能力的地步。在陆游两岁的时候，开封陷落；三岁的时候，宋徽宗赵佶、宋钦宗赵桓被抓当了俘虏，发生了历史上著名的"靖康之耻"，一百六十年历史的北宋王朝灭亡。当时号称"兵马大元帅"的康王赵构，从河北逃回南京（今河南商丘），五月一日即皇帝位，改元建炎，是为南宋高宗。赵构没有积极抗战的决心，一味妥协，在金兵的压迫下，仓皇渡江南逃，绍兴八年定都于临安（今浙江杭州），史称南宋。

　　陆游生在腐败不振、国家遭受金人侵略的北宋，成长在民族危机深重的南宋。当时中国的大片土地被金朝占领，百姓生活在水深火热之中。金朝一心想灭亡南宋，在开封陷落之后，仍准备南侵。广大民众英勇地展开了反对妥协投降、坚决抗金、收复中原的斗争。陆游同当时的广大民众一起，经历了国破家亡的痛苦，受到了爱国主义的教育和熏陶。在他三岁的时候，父亲陆宰就带着一家大小先逃到寿春（今安徽寿县），后到山阴。建炎四年（1130年），金人入侵山阴，陆游一家又从山阴逃到东阳（今浙江金华）。这一段颠沛流离的逃难生活，在陆游幼小的心灵中铭刻了深刻的仇恨。十岁以后，他们回到山阴，居住在乡间。这正是秦桧杀害岳飞、南宋小朝廷向金称臣纳贡之际。往来于陆家的，除了那些爱国的政治家以外，还有很多文人学者。陆游认识了曾几（1084—1166年），并开始向曾几学诗。曾几是南宋初年江西诗派的著名诗人。他反对和议，抵触权贵，为官清廉，是一个

有操守的诗人。他不仅在诗学方面教育了陆游，在为人方面也影响了陆游。

陆游出身于官僚地主士大夫家庭。他自称远祖是"凤歌笑孔丘"的楚狂接舆陆通，近祖是唐丞相陆贽，住在吴郡，为吴中朱、张、顾、陆四大姓之一。唐末，陆游所属的一支，自江苏吴县迁浙江嘉兴，又东迁居钱塘。唐灭亡后，厌恶五代之乱，不再为官。吴越王钱镠时，又迁居到山阴鲁墟务农，所以他也称"先世本鲁墟农家"。到了宋真宗赵恒大中祥符年间，他的高祖陆轸才又通过科举考试，重新

恢复为士大夫世家。

陆轸，字齐卿，相传七岁能作诗，大中祥符年间进士，宋仁宗康定元年做过会稽太守，皇祐中做过吏部郎中、直昭文馆、赠太傅，以后又做过睦州太守。陆轸生有二子，次子陆珪是陆游的曾祖。陆珪生子四人，其中陆佃就是为陆游所津津乐道的祖父。

陆佃，字农师，号陶山，年轻时跟随王安石学经，是王氏新学人物；因不同意王安石新政，后来被视为"元祐党人"。

陆佃因新法得罪王安石，王安石便不和他谈论政事，只以经学任用。因而，陆佃在神宗时任国子监直讲、集贤校理、崇政殿说书，宣讲王氏新学。哲宗时，司马光做宰相，打击王安石党，王安石的门生故旧都不敢和其来往。王安石死后，陆佃前往哭祭，可见他不忘旧情。后来因为修撰《神宗实录》，任礼部尚书。徽宗即位，召为礼部侍郎，修《哲宗实录》，做吏部尚书。曾出使辽国，归来后写有《使辽语录》，拜尚书左丞，赠太师、楚国公。后被罢免，做亳州知县，不久去世。陆佃著书二百四十卷，成为陆氏家学。他还长于诗文，尤长于七言近体诗，作有《陶山集》十六卷。

陆游的父亲陆宰，字元钧，号千岩，师承陆氏家学，也是王学人物，富有学术。陆佃撰《春秋后传》二十卷，陆宰作《春秋后传补遗》一卷。他爱好诗文，也能作诗。徽宗政和年间做过淮西常平使者，宣和末年，做过转运副使、赠少傅、会稽公。南渡后，高宗建炎四年间，在山阴居住。后来受到秦桧的排挤，不再为官。虽然赋闲在家，退居林下，但仍时常牵挂国家兴衰与民族危亡，与当时的爱国士大夫讲到国仇时，经常食不能咽、水不能进、悲不自胜。父亲的这种爱国思想，深深影响着陆游。

从陆游的家庭来看，对他的成长的确有许多积极影响。那就是：具有浓厚的学术气氛；自陆佃以后，又是富国强兵的王安石新学的传播者，富有爱国主义思想；对诗文的爱好成为家风；生活比较清贫。这样的家世传统，对于陆游成为一位热爱祖国、关心人民疾苦的爱国诗人，都起到了积极的作用。陆游长于七律，更是与陆佃、陆宰的诗文造诣分不开。

陆游生活在民族斗争极为尖锐的南宋时代，并有较长时间和人民群众接触。在反抗民族压迫的时代里，抗金的正义呼声和可歌可泣的英雄行动，推动陆游继承了家族的优良传统，积极参加抗金斗争，反对妥协投降。在文学上他更是向前辈诗人学习，向民歌学习。战斗的时代、英勇的人民和前辈诗人以及家族的爱国传统，终于把他培养成为一位爱国诗人。中国的历史长河里，有不少的爱国诗人，但是像陆游这样，有生之年几乎无时无刻不胸怀爱国之情的作家，依然是凤毛麟角。

（二）曲折爱情

宋高宗绍兴十四年（1144年）正月

十五，陆游到临安城的舅父唐闳（字仲俊）家，第一次见到了表妹唐琬。

唐琬自幼文静灵秀，才华横溢，不善言语却善解人意，与陆游情投意合。两人青梅竹马，虽然兵荒马乱，但两个不谙世事的少年仍然相伴度过了一段纯洁无瑕的美好时光。随着年龄的增长，一种情愫在两人心中渐渐滋生了。

当时的陆游已经20岁，对唐琬的情意更深了。这一年，陆游的父亲年近花甲，身体也不太好，他希望在自己的有生之年能看到陆游成亲，于是向唐仲俊提出这门亲事。

青春年少的陆游与唐琬都爱好诗词，他们常借诗词互诉衷肠，花前月下，二人吟诗作对，互相唱和，丽影成双，宛如一双翩跹于花丛中的彩蝶，眉目中洋溢着幸福和谐。两家父母和众亲朋好友，

也都认为他们是天造地设的一对，于是陆家就以一只精美的家传凤钗作信物，订下了这门亲上加亲的婚事。在陆游20岁那年，唐琬嫁入陆家。

从此，陆游、唐琬更是情爱弥深，沉醉于两个人的天地中，不知今夕何夕，把课业科举、功名利禄，甚至家人至亲都抛到了九霄云外。陆游此时已经荫补登仕郎，但这只是进仕为官的第一步，紧接着还要赴临安参加"锁厅试"以及礼部会试。但新婚燕尔的陆游根本无暇顾及应试功课。陆游的母亲唐氏威严而又专横，她一心盼望儿子金榜题名，光耀门庭。所以，眼下的状况，让她大为不满，几次以姑姑的身份、更以婆婆的立场对唐琬大加训斥，责令她以丈夫的科举前途为重，先把儿女私情放在一边。但陆、唐二人依然如胶似漆，情况始终未见改善。陆母因此对儿媳大为反感，认为唐琬简直是陆家的扫把星，必将耽误儿子的前程。

据说陆游的母亲唐氏曾到郊外无量庵，请庵中尼姑妙因为儿子、儿媳卜算。妙因一番掐算后，煞有介事地说："唐琬与陆游八字不合，唐琬先是对陆游予以误导，久而久之，陆游终必性命难保。"陆母闻言，吓得魂飞魄散，急匆匆赶回家，叫来陆游，强令他道："速修一纸休书，将唐琬休弃，否则老身将与之同尽。"这一句，无疑是晴天霹雳，一时让陆游不知所措。待陆母将唐琬的种种不是历数一遍，陆游更是心如刀绞——素来孝顺的他，面对态度坚决的母亲，除了暗自饮泣，别无他法。

就这样，两年过去了，陆游的父亲身染重病，常常卧床不起；而唐琬又未能生下一儿半女，因此，陆母的心情更加烦躁，也更讨厌唐琬，经常借故对她严加训斥。唐琬百般容忍，但仍得不到婆婆的宽恕。陆游也一次又一次地替妻子向母亲求情，但都遭到了母亲的责骂。最后，在母亲的逼迫下，陆游和唐琬终于劳燕分飞。

在封建礼教的压制下，父母之命，难以违抗。虽然陆游和唐琬感情很深，不愿分离，但还是无能为力。

陆游只得答应把唐琬送归娘家。一对有情人无奈走到了"执手相看泪眼"这一步。这种情形在今天看来似乎不合常理，两个人的感情岂容他人干涉？但在崇尚孝道的封建社会，父母之命就是"圣旨"，为人子不得不

从。就这样，一双情深意切的鸳鸯，被无由的"孝道"、世俗功利和虚玄的命运八字活活拆散。陆游与唐琬难舍难分，不忍就此分离，于是陆游暗地里在外面找了一所房子安置唐琬，一有机会就前去与唐琬相会。无奈纸总包不住火，精明的陆母很快就察觉了此事，严令二人断绝来往。陆游知道这种关系实在不是长久之计，万般无奈之下，只好忍痛与心爱的人分离。这时，他们结婚还不到三年。

又过了一年，陆游的父亲病故了。后来，陆游依母亲的心意，另娶温顺本分的蜀郡人王氏为妻，唐琬也迫于父命嫁给皇家后裔同郡士人赵士程。一对年轻人的美满婚姻就这样被拆散了，但二人心中的情愫却难以割断。

十年后，也就是宋高宗绍兴二十四年（1154年），陆游进士落榜。遭受打击的他回到山阴家中，满腔的不得志，使他百感交集，苦闷异常。

山阴人有游春的风俗。特别是在三月初五——相传这天是禹的生日，当天去会稽县东南的禹庙游玩的人最多，不论贫富，倾城俱出，携带酒食，来禹庙游赏。这一年，就在禹生日这天，陆游满怀忧郁的心情独自去了禹庙，不知不觉中逛到附近的沈园。正当他独坐独饮、借酒浇愁之时，居然与唐琬及其改嫁后的丈夫赵士程不期而遇了。

陆游心中涌起无限感慨，尽管这时他已与唐琬分离多年，但仍然无法割舍对唐琬的情感。想到唐琬本来是自己的爱妻，而今却改嫁他人，悲痛之情顿时涌上心头，陆游放下酒杯，正要抽身离去。不料这时唐琬征得赵士程的同意，给他送来酒菜，陆游看到唐琬这一举动，体会到了她的深情，两行热泪凄然而下。他举起酒杯，一饮而尽。酒入愁肠，更使陆游感到惆怅哀怨，便提笔在园内墙壁上题

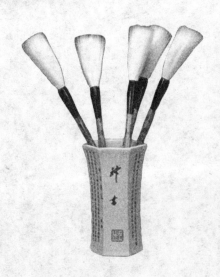

了一首《钗头凤》：

红酥手，黄滕酒，满城春色宫墙柳。东风恶，欢情薄，一怀愁绪，几年离索。错，错，错！

春如旧，人空瘦，泪痕红浥鲛绡透。桃花落，闲池阁，山盟虽在，锦书难托。莫，莫，莫！

陆游在这首词里抒发了爱情遭受挫折后的伤感、内疚，对唐琬的深情爱意，以及对他母亲棒打鸳鸯的不满情绪。

陆游题词之后，又深情地望了唐琬一眼，便怅然而去。陆游走后，唐琬孤零零地站在那里，将这首《钗头凤》词从头至尾反复看了几遍，再也控制不住自己的感情，失声痛哭起来。回到家中，她愁怨难解，于是也和了一首《钗头凤》：

世情薄，人情恶，雨送黄昏花易落。晓风干，泪痕残，欲笺心事，独语斜阑。难，难，难！

人成各，今非昨，病魂常似秋千索。角

声寒，夜阑珊，怕人寻问，咽泪装欢。瞒，瞒，瞒！

这首词深刻地揭示了唐琬内心的哀怨痛苦，同时又对破坏美满婚姻的封建礼教表达了强烈的控诉。自写了这首词以后，唐琬忧郁成疾，没过多久就去世了。

此后，陆游北上抗金，又转川蜀任职。但几十年的风雨生涯，始终无法排遣他心中的眷恋。63岁时，他又写了两首情词哀怨的诗：

采得黄花作枕囊，曲屏深幄闷幽香。

唤回四十三年梦，灯暗无人说断肠。

少日曾题菊枕诗，囊编残稿锁蛛丝。

人间万事消磨尽，只有清香似旧时。

陆游67岁重游沈园，又看到当年题《钗头凤》的半面残壁，触景生情，感慨万千，于是又提笔写诗感怀。诗中小序曰："禹迹寺南有沈氏小园，四十年前尝题小阕壁间，偶复一到，而园主已三易其主，读之

怅然。"

　　枫叶初丹槲叶黄，河阳愁鬓怯新霜。

　　林亭感旧空回首，泉路凭谁说断肠。

　　坏壁醉题尘漠漠，断云幽梦事茫茫，

　　年来妄念消除尽，回向蒲龛一炷香。

　　陆游75岁时住在沈园的附近，又写下绝句两首，即《沈园》诗二首：

　　城上斜阳画角哀，沈园非复旧池台。

　　伤心桥下春波绿，曾是惊鸿照影来。

　　梦断香消四十年，沈园柳老不飞绵。

　　此身行作稽山土，犹吊遗踪一泫然。

　　陆游的爱是如此深沉，生死不已，以致在"美人作土""红粉成灰"几十年之后，还能用将枯的血泪吟出这样的断肠诗句。

　　陆游一直对唐琬不能忘情，在临逝世的前一

年又写下了这样哀婉的诗句：

沈家园里花如锦，半是当年识放翁。

也信美人终作土，不堪幽梦太匆匆。

这一幕婚姻悲剧，在陆游的心灵里留下了难以弥合的创伤，至死也无法释怀。他在82岁那年仍这样写道：

学道当于万事轻，可怜力浅未忘情。

孤愁忽起不可耐，风雨溪头姑恶声。

姑恶是水鸟，相传为姑虐其妇，妇死所化。在此诗中，诗人无疑是借水鸟姑恶，寄托了对母亲的不满。从"姑恶声"，很自然联想起自己的婚姻悲剧，这种"孤愁"是让人无法忍受的。在报国无门的情况下，婚姻悲剧更加重了他的苦闷情绪。

（三）坎坷仕途

绍兴十三年（1143年），陆游年19岁，恰逢科举之年。这一年他在绍兴府参加了以诗赋为主的进士科的考试，中选后被推荐到礼部应试。此时的他对前途充满了幻想，希望可以进入仕途，建功立业，实现他为国为民的抱负。在这种乐观的心情下，他立下了"上马击狂胡，下马草军书"的英雄志愿。

陆游这次礼部考试不中，怀着报国无门的苦闷心情回到山阴故里。落第的原因不是他诗文不好，而是他"喜论恢复河山"的文章，难以得到秦桧一党的考官

的赏识。

绍兴十八年，陆游24岁，其父陆宰去世。在三年守丧期间，陆游不能参加科举考试。当然，在秦桧当权期间，对于陆游来说，即使参加考试，恐怕也难以及第和进入仕途。

到了宋高宗绍兴二十三年（1153年），南宋王朝为了粉饰太平和笼络知识分子，在临安举行两浙地区的科举考试。这一年，已经29岁的陆游参加了这次考试。这次考试的主考官陈之茂（字阜卿），是一位主张抗金的官员。当时，秦桧要陈之茂把第一名给他的孙子秦埙。可是当陈之茂细心批阅考卷时，发现有一份试卷文章写得非常精彩，且是讲恢复大业的，语句通达流畅，字里行间充满了爱国热情，读来令人深受感动。后经核查字号，这篇文章是出自一名叫陆游的考生之手，考官毫不犹豫地把陆游评为第一。这件事让秦桧非常气愤，从此怀恨在心。

第二年春天，南宋中央官署六部之一的礼部复试在临安举行。陆游满怀信心地参加了这次考试。他觉得自己在这次考试中发挥得比上一次要好，对恢复失地、坚持抗金的主张论述得比较透彻。如果能够取得功名，他就可以为国效力了。但事与愿违，满怀希望的陆游又一次落榜了。原来陆游这次考试的成绩本来很好，名列榜首，但录取名单上报后，秦桧一眼看到了陆游的名字，这立刻触动了他的旧恨，于是他公然把陆游的名字划掉了，而把自己的孙子秦埙列为第一名。

这件事给了陆游很大的打击，他不得不又回到山阴故里。当时的陆游"穷山读兵书"，作好了未来报国杀敌的准备。

陆游出头之日终于到了。绍兴二十五年（1155年）秦桧死后，朝野人士纷纷议论边疆大事，主张抗金；北方人民也盼望南宋政府早日收复失地。赵构在抗金舆论的压力下，不得不暂时斥退投降派，起用抗战派。

绍兴二十八年（1158年）秋天，陆游以恩荫出任福州宁德县主簿，时年34岁。主簿是地方县级小官，掌簿书等事。第二年的秋天，陆游改调福州决曹。决曹是管理刑法工作的，官阶仍然与主簿相同。

宋代官吏任职期限一般为三年。宋高宗绍兴三十年（1160年），陆游奉调回到临安，担任敕令所的删定官。这种官职主要是编辑朝廷公布的法令，事务并不很繁忙。删定官虽是小官，但到底是京官，接近庙堂，对于推动朝廷转向抗金，有直接影响。因而陆游非常重视这一官职。这时的陆游还对宋高宗存有幻想，便开始言事。他希望宋高宗放弃妥协投降的政策，励精图治，加强中央集权，积蓄抗金力量。

陆游来到临安之后，结交朋友的范围扩大了。他结交了许多爱国志士，与国家民族共生死，他们相互勉励，积极组织抗金力量。但他们的热情不久便受到了打

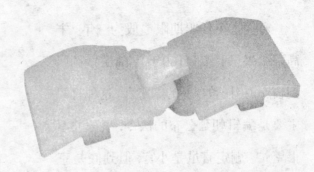

击。绍兴三十一年，陆游被罢免官职，又一次回到山阴。

绍兴三十二年（1162年）六月，宋高宗退位，把皇权交给自己的养子、年已36岁的赵眘，这就是宋孝宗。赵眘做皇帝后，第二年把年号改为"隆兴"，表示要振兴国家。趁金兵南侵溃败，进行北伐，一举收复失地。为此他驱逐了一批误国投降的秦桧党羽，并任命主战将领张浚为枢密使，南宋政府一时又弥漫着浓厚的抗金气氛。

在这时，陆游也调到了枢密院担任编修官。枢密院是南宋王朝的中央军事领导机构。编修官的职责在名义上是编纂文件，实际上就相当于草拟文件的秘书。

宋孝宗认为陆游很有才能，富有爱国热情，又有政治远见，于是特地赐给他进士出身，这时陆游已经38岁。宋代以科举选拔任用官员，对资历看得很重，陆游却是破例以文章进用，担任编类圣政所检讨官，修编《高宗圣政》及《实录》。《高宗圣政》草创凡例二十条，多出陆游手笔。这是陆游第一次担任史官。

南宋偏安以来，已有36年，统治阶级腐化堕落，加上投降派长期得势，纪律松弛。因而宋孝宗的某些改革诏令，在官

吏和将帅中遇到很多阻挠。这一年十一月，陆游为了争取北伐的胜利，上书宋孝宗，首先提出了国家诏令的威信问题，要让大小文武官员知道诏令不可怠慢，借以增强抗金力量。同时，陆游劝谏孝宗"爱民""恭俭"，减轻对人民的聚敛，改善人民的生活，以积蓄国力。

到隆兴元年（1163年），孝宗曾采纳主战派张浚的北伐意见，对敌反攻。张浚担任枢密使，都督江淮军马。陆游积极支持张浚北伐，提出了"熟讲而缓行"的策略，要做好充分的准备，不要打无准备

的仗。对于北伐进军的计划，陆游主张用兵要稳扎稳打，反对孤军深入京东，纠正了张浚重兵深入京东的冒险想法。抗金最终失利，主和派又抬头，孝宗起用秦桧余党汤思退为丞相，罢免了张浚。汤思退正式与金人议和，签订了"隆兴和议"。

在这样的情势下，陆游也受到投降势力的排挤，隆兴二年（1164年），离开临安，调往镇江府任通判。宋孝宗乾道二年（1166年），陆游虽然已调任镇江通判，但还是以"力说张浚用兵"的罪名，被罢免了官职。这年三月，年已42岁的陆游，从南昌取道回乡。

自从南昌免归之后，陆游在故乡闲居

了三年。宋孝宗乾道四年（1168年），从前的侍御史（宋代中央监察机关的长官）陈俊卿做了右丞相，他和陆游在镇江时就相识了，当时陈俊卿还在张浚幕府中的参赞军事。随张浚到镇江时，陈俊卿经常住在陆游的通判衙门里。每次相见，他们都热烈地讨论抗金大业，陈俊卿得到右丞相任命后的第二年，陆游也得到任用，被召用为四川夔州府通判。

陆游在夔州任满三年，恰好王炎来做四川宣抚使，邀请陆游去做他的幕宾，担任四川宣抚使公署干办公事，并兼任检法官。王炎是一个主战派的人物，才能出众，西北一带的军力、财力和人力都集中在他手里。陆游把他比做萧何、裴度，期望他能完成恢复中原的大业。

当时，四川宣抚使的行政办公地点设在兴元府南郑县（今陕西汉中）。这里是西北的抗金前哨，在地理上占有非常重要的位置。军队驻防在这里，北面能够掌握关中地区，南面容易保障蜀中的安全，西面可以控制秦州一带，东面又能直达襄阳。因此，这里不仅成为宋金必争之地，而且也是恢复中原的一个根据地。陆游到南郑前线军事机关供职，想起早年立下的报国志愿终于可以实现了，心里特别雀跃。

陆游来到南郑以后，与王炎意气相投，感情融洽。陆游希望王炎恢复中原，便向王炎献进取之策。陆游认为，关中富饶，又处于敌人的侧面，东面有崤函这样的地势，可以积粟练兵，遇到挑衅也可以

反攻；没有战事的时候更可以闭关退守，防御敌人。所以恢复中原应以关中作为根据地。陇右处于长安的后方，要夺取长安，必先夺取陇右。这是陆游到汉中以后所提出的一套完整的恢复计划。

"隆兴和议"之后不久，宋孝宗赵昚也像宋高宗赵构似的患了"恐金病"。他虽然加强边防和筹谋恢复，表面上作着跃跃欲试的姿态，但骨子里还是以防御为主。对于出兵的事，南宋统治集团都是谈虎色变的。作为南宋统治集团重要人物之一的王炎，也必然能体会到宋孝宗的意图，所以虽然他赞同陆游的进取之策，但又不能立即采纳，因为没有皇帝的命令，任何人都不能擅自出兵作战。陆游在晚年想起这件事来，仍然感到遗憾。

南郑是西师的重镇，扼踞入蜀的咽喉，南可作巴蜀的屏障，东北可以经略中原，东达襄邓，西控秦陇，且处于西北的最前线。陆游来到南郑之后的那一年秋天，王炎以十万兵力防御金兵在秋高马肥时进犯，这也是每年秋天常有的事。陆游身着戎装，亲自参加了秋防，实现了他多年来为国从戎的志愿。

陆游还经常与士兵们一同巡逻，侦察敌人的动态。军队生活虽然艰苦，但是在爱国热情的支持下，她的心情是愉快的，而且对胜利前途充满了信心。"楼船夜雪瓜州渡，铁马秋风大散关"，这段军旅生活成了陆游一生的自豪与光荣。

这一年的九月，宣抚使王炎奉调回临安担任枢密使，幕僚也随之散去，陆游也从此结束了南郑的戎马生涯。

乾道九年（1173年）的春天，陆游在成都安抚官署任参议官。成都府安抚使是地方军民的长官，而参议官则是一个空头衔，没有具体的公务。

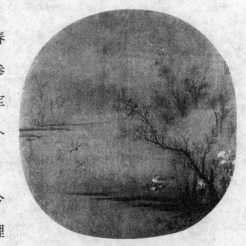

不久，陆游担任了蜀州（今四川崇庆县）通判，后来又代理

嘉州（今四川乐山县）的政务。宋孝宗抗金意向的不坚决，影响了主张抗金的虞允文的进军。局势的沉闷，使得年近半百的陆游心情异常苦闷，特别希望自己能再次拥有随军远征、打击敌人的机会。孝宗淳熙元年（1174年）二月，四川宣抚使虞允文逝世，陆游也结束了嘉州的工作，又回到蜀州任通判。

淳熙二年（1175年），范成大担任四川制置使，召陆游担任参议官，于是陆游又来到成都。

范成大和陆游是好朋友，这次陆游来成都参议戎幕，对范成大抱有很大的希望。陆游以为范成大更能了解他，通过范成大可以实现他的恢复计划，完成驱逐金人的大业，以雪国耻。可是在与范成大的相处中，陆游的希望变成了失望。陆游寄意恢复，主张随时做好军事准备，等待时机北伐，而范成大则是全力守边，无意恢复。范成大始终对陆游很客气，在处理日常公务之外，他们经常饮酒赋诗，互相唱和。从诗的思想内容来看，他们的思想大不相同，范成大的诗多写身边琐事，陆游则寄意恢复。这一年的九月，言官们弹劾陆游"燕饮颓放"，陆游因此受到罢免的处分，担任主管台州桐柏崇道观的闲职。而针对"燕饮颓放"，陆游说："这个说法别致得很，就作为我的别号吧。"从此以后，他自称"放翁"，后人也称他为"陆放翁"。

陆游受到这次打击以后，心里非常苦闷，也很悲观。漫步在一座驿站的旁边，望着细雨中年久失修、早已破败的驿站，他忽然看到驿站外面断残的小桥旁边开着一株梅花，孤独地挺立在那里，非常冷清。于是他即兴填了一首《卜算子·咏梅》：

驿外断桥边，寂寞开无主。已是黄昏

独自愁，更著风和雨。

无意苦争春，一任群芳妒。零落成泥碾作尘，只有香如故。

这首小词寄寓着陆游的深情，他以遭受风雨摧残和群花妒忌的梅花自喻，表达了自己对抗金理想的坚持，也反映了他不愿与主和派同流合污的气节和孤芳自赏的性格，与其他咏梅的诗歌相比，这首词别具一格，别致深邃。

罢官后的陆游，尽管与范成大的政治观点不尽相同，但两人仍然保持了亲密的友谊。

淳熙四年（1177年），范成大奉诏东还临安。陆游感到有些怅然，作《送范舍人还朝》诗一首。在这首诗里，他希望范成大回朝以后，能说服孝宗赵昚，早日举兵北伐，实现先取关中、次取河北的抗金计划。但是，南宋统治者根本不以国事为重。因此，陆游对统治者的腐败无能和妥协投降不能不感到愤恨。他在这一年写下《关山月》一诗，对统治阶级的"文恬武嬉"、醉生梦死的现实作了集中而有力的揭露：

和戎诏下十五年，将军不战空临边。

朱门沉沉按歌舞，厩马肥死弓断弦。

戍楼刁斗催落月，三十从军今白发。

笛里谁知壮士心，沙头空照征人骨。

中原干戈古亦闻，岂有逆胡传子孙？

遗民忍死望恢复，几处今宵垂泪痕！

这首诗用对比手法，概括了当时广大人民和爱国志士与投降派的矛盾。从多个角度斥责了南宋封建统治者恃和苟安，不修武备，沉湎声色的种种罪恶，抒发了戍边战士报国无门、虚掷年华的愤懑，表达了中原人民垂泪忍死、盼望恢复的痛切心情。诗中对南宋统治者的揭露和批判是很深刻的。

淳熙五年秋天，陆游回到临安，这时他已54岁，孝宗在便殿召见了他，但并未重

用，只不过派他到福建、江西做了两任提举（掌管）常平茶盐公事的地方官。

淳熙七年，陆游被罢官回家，闲居山阴。直到淳熙十三年（1186年），他62岁时，才又被起用为严州（今浙江建德县）知州。

陆游虽被起用，但由于投降派的专权，他的报国理想始终无法实现。因此，他常常感到压抑和愤慨。如《书愤》一诗，通过追述壮年时"塞上长城"的抱负与"世事多艰"的现实遭遇，抒发了自己壮怀不得实现的苦闷和对主和派误国的愤恨。结尾提到三国时蜀相诸葛亮及其所作的《出师表》，表达了自己想同诸葛亮一样挥师北上、为"兴复汉业，还于旧都"而驰骋疆场的壮志豪情。

严州在临安西南，140年以前，陆游的高祖父陆轸曾在这里做过知州。现在他又来这里做官，他的工作态度是勤勤恳恳的。他办事认真负责，收到了良好的效果："民租屡减追胥少，吏责全轻法令宽。"

淳熙十五年（1188年），陆游严州任满，卸职回家，不久奉诏到临安担任军器少监。第二年改任礼部郎中兼实录院检讨官，修《高宗实录》，这是陆游第二次担任史官。这时，孝宗赵昚让位于儿子赵惇（宋光宗）。赵惇即位之初，陆游曾连

上了几道奏章，切中时弊，劝新帝励精图治。昏庸的赵惇却把这些当做逆耳之言，再加上朝廷小人的弹劾，陆游又一次被罢免了官职。

从光宗绍熙元年（1190年）到宁宗嘉泰元年（1201年）的十一二年中，陆游一直住在山阴，过着田园生活。

陆游的住宅在镜湖边，在家居期间，他和百姓很接近，不但身穿民服，口诵农书，还经常跟农民在一起劳作，参加他们的宴会，同他们共话桑麻，继续愤慨地倾吐自己的满腔忠愤，抒发深厚的爱国感情。

陆游虽然遭到贬斥和迫害，但他抗

金的豪气依然如故,时刻准备披坚执锐,奔赴疆场,为收复中原而战斗:"僵卧孤村不自哀,尚思为国戍轮台。夜阑卧听风吹雨,铁马冰河入梦来。"在另一首诗中,陆游还为北方人民向昏庸腐朽的南宋统治者提出了有力的呼吁:"三万里河东入海,五千仞岳上摩天。遗民泪尽胡尘里,南望王师又一年。"此诗写遗民的心情,实际也是他自己的心情。虽然表现得比较含蓄,但对苟且偷安的南宋统治者已是一个有力的鞭挞。

陆游屡次遭到主和派的压制和打击,但决不同流合污,坚持写诗批判他们:"百战元和取蔡州,如今胡马饮淮流。和亲自古非长策,谁与朝家共此忧。"表现了他坚持不懈地批判投降派的顽强意志。

嘉泰二年(1202年),韩侂胄把修史的任务委托给陆游,又起用抗战派将领辛弃疾。陆游从国家利益出发,顾全大

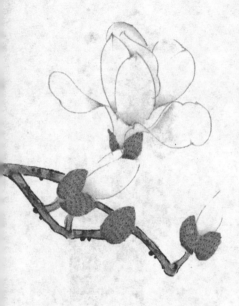

局，不仅自己欣然前往，还力劝辛弃疾为国立功。

韩侂胄虽然起用了陆游、辛弃疾，但并不重用，他所重用的只是一些纨绔子弟。陆游很失望，在史书修完之后，便立刻辞官回家，前后在临安只待了一年的光景。开禧二年（1206年）夏天，朝廷仓促兴师北伐，终因准备不足而失败。以史弥远为首的卖国集团用阴谋诡计杀死韩侂胄，函首金人，订立了丧权辱国的"开禧和议"。陆游不愧为爱国志士，当战争失利，朝廷又要议和的时候，他仍然主张坚决打完这场战争。及至和议已成，陆游的悲愤心情可想而知。

对于国家民族的命运，陆游十分关注，激情也永不衰竭。抗金的主张虽不能实现，但陆游的意气仍是轩昂的。正如他所说的："双鬓多年作雪，寸心至死如丹""一闻战鼓意志生，犹能为国平燕赵"。

（四）不朽诗篇

　　嘉定二年，陆游的病情时好时坏，但他的精神还是饱满的。立秋以后，陆游得了膈膜炎，在一个寒冬的日子里，这位伟大的爱国诗人，抱着不曾目睹恢复失地的遗恨与世长辞了。临死的时候，他写下了一首《示儿》诗："死去元知万事空，但悲不见九州同。王师北定中原日，家祭无忘告乃翁。"这首充满血泪的绝笔诗，集中地表现了陆游伟大的爱国主义精神。

陆游辛勤地从事文学创作，给我们留下了极其丰富而珍贵的文学遗产。现存《陆放翁全集》，通行的有《四部备要》本，内有《剑南诗稿》八十五卷，附逸稿；有《渭南文集》五十卷，其中包括《入蜀记》六卷，词作二卷；还有《南唐书》十八卷，附有音释。《老学庵笔记》10卷等。其他尚有《放翁家训》（见于《知不足斋丛书》）及《家世旧闻》等。

陆游是杰出的诗人，他的创作成就是多方面的，诗词、散文都具有自己的特点，但艺术成就最高的仍是诗歌。陆游也是创作特别丰富的一位诗人，他自己说"六十年间万首诗"，现存的仅九千三百多首。其中许多诗篇抒写了抗金杀敌的豪情和对敌人及卖国贼的愤恨，风格雄奇奔放，沉郁悲壮，洋溢着强烈的爱国主义激情，在思想上、艺术上取得了卓越成就，不仅成为南宋一代诗坛领袖，而且在中国文学史上享有崇高地位，是我国伟大

的爱国诗人。

陆游的诗大致可以分为三个阶段：第一阶段是从少年到中年（46岁）入蜀以前。这一时期存诗仅二百首左右，作品主要偏于文字形式，尚未得到生活的充实。第二阶段是入蜀以后，

到他65岁罢官东归，前后近二十年，存诗两千四百余首。这一时期是他从军南郑，充满战斗气息及爱国激情的时期，也是其诗歌创作的成熟期，奠定了他一代文宗的地位。第三阶段是长期蛰居故乡山阴一直到逝世，亦有20年，现存诗约近六千五百首。诗中表现了一种清旷淡远的田园风味，并不时流露着苍凉的人生感慨。"诗到无人爱处工"，可算是道出了他此时的心情和所向往的艺术境界。另外，在这一时期的诗中，也表现出趋向质朴而沉实的创作风格。在陆游三个时

期的诗中，始终贯穿着炽热的爱国主义精神，中年人蜀以后表现得尤为明显，不仅在同时代的诗人中显得很突出，在中国文学史上也是罕见的。陆游的诗可谓各体兼备，无论是古体、律诗、绝句都有出色之作，其中尤以七律写得又多又好。在这方面，陆游继承了前人的经验，同时又富有自己的创见，所以有人称他和杜甫、李商隐完成了七律创作上的"三变"，又称他的七律在当世无与伦比。陆游的七律，确是名章佳句层见叠出，每为人所传诵，如"江声不尽英雄恨，天意无私草木秋"；"万里关河孤枕梦，五更风雨四山秋"等。这些名作名句，或壮阔雄浑，或清新如画，不仅对仗工稳，而且流走生动，不落

纤巧。除七律外，陆游在诗歌创作上的成就当推绝句。陆游的诗虽然呈现着多彩多姿的风格，但从总的创作倾向看，还是以现实主义为主。他继承了屈原等前代诗人忧国忧民的优良传统，并立足于自己所处的时代作了出色的发挥。

陆游与江西诗派有着很深的渊源。他师事曾几，又私淑吕本中，对曾、吕二人服膺终生。陆游接受曾、吕的影响首先在于爱国的情操，他少时与曾几"略无三日不进见，见必闻忧国之言"。而吕本中在表现爱国主义主题方面堪称是陆游的先驱。陆游在艺术上也受到曾、吕较深的影响，对"活法"说深信不疑，直到70岁时还对曾几授予他的"文章切勿参死句"一语津津乐道。虽然陆游从江西诗派的诗歌理论中获得了增进艺术修养以自成一家的启示，早年作诗时也曾仿效过黄庭坚、吕

本中等江西诗人的风格，可是他的艺术个性和才能却远在江西诗派之上。所以他很快就超越了曾几、吕本中等师辈的成就，并以明朗瑰丽的语言、奔放磊落的情调而与江西诗风分道扬镳。

陆游诗篇所反映的社会生活极其丰富、广阔，涉及到南宋前期社会现实的各个方面，其中最突出的是反映民族矛盾、抒写爱国情思的动人诗篇。

陆游生活的年代，正是我国北方女真族发动侵宋战争，民族矛盾和阶级矛盾异常尖锐的时期。当时，民族矛盾上升为主要矛盾，并且影响到社会政治、经济、文化思想等各个方面；而坚决主张抗击金兵、反对妥协投降就成为南宋时期文学作品中爱国思想的重要内容。陆游的诗歌，就是在这样特定的历史条件下，面对现实，反映了民族的深重灾难，表达了人民的抗战意志，抒写了诗人报国无门、壮志难酬的悲愤，以及对劳动人民生活疾苦的同情，因而具有强烈的爱国主义精神和鲜明的时代特色。

陆游爱国诗歌的特点之一，是对妥协投降派罪恶的无情揭露和谴责。

在南宋统治集团中，由于民族矛盾的尖锐激烈，出现了主战派与主和派。主战的官员和广大人民一起反对割地求和，主张抗金作战。主和派则屈膝议和，苟且偷安，并且结党营私，陷害忠良。陆游抗金的主张一生都不曾动摇过，而且他以诗歌作武器，同主和投降派进行了坚决的斗争。他在许多诗中明确表示："和亲自古非长策""生逢和亲最可伤，岁輂金絮输胡羌"。对于那些决策求和，以图苟安享乐的投降派，他以犀利的笔锋，愤怒地指责他们误国害民的罪行："战马死槽枥，公卿守和约""诸公尚守和亲策，志士虚捐少壮年"。在《关山月》一诗里，他用战士的口吻写"和戎诏下十五年"，南宋王朝对金国屈服，身处前线的将士们

也忘掉了抗金事业，只知沉湎在酒色歌舞的奢靡生活之中，马死弓断，爱国壮心被埋没，人民收复失地的渴望，他们早已置之不顾。陆游在这里对投降派进行了更集中更全面的揭露。尤其可贵的是，他以锋利的笔触，大胆地指责："公卿有党排宗泽，帷幄无人用岳飞""诸公可叹善谋身，误国当时岂一秦（桧）"。南宋王朝主和投降的官僚，不止是秦桧一个人，他们是"有党"的，是一个结党营私、迫害爱国将领的统治集团。可见，陆游所抨击的是南宋前期的整个投降派，他富有强烈战斗精神的诗篇在南宋诗坛上是空前的。

陆游爱国诗歌特点之二，是内容多表达人民群众渴望恢复故土、统一祖国的愿望。

南宋王朝在临安定都以后，以宋高宗赵构和秦桧为首的投降派，一方面迫害主战的文武百官，如杀害爱国英雄岳飞等人，另一方面与金人订立屈辱的和议，向他们称臣，每年还要输送大批银两、绢匹，以此换取南宋小朝廷的苟安局面。北方人民在金兵的残酷统治下，生命无保障，财物被掠夺，生产遭到破坏。陆游在《题海首座侠客像》诗里揭露金统治者榨取遗民膏血以自肥的罪行："赵魏胡尘千丈黄，遗民膏血饱豺狼。"处于水深火热中的北方人民忍受着金兵的蹂躏，渴望着收复失地。"遗民忍死望恢复，几处今宵垂泪痕。"

陆游始终没有忘记失地的人民，对他们所受的苦难寄予深切的同情，不断地为他们喊出内心的痛苦和希望："三秦父老应惆怅，不见王师出散关""王师入秦驻一月，传檄足定河南北。安得扬鞭出散关，下令一变旌旗色""关中

父老望王师"。然而，南宋朝廷并无恢复之意，对此陆游感到极为悲愤，并在诗里大声疾呼："遗民泪尽胡尘里，南望王师又一年""北望中原泪满巾，黄旗空想渡河津"。陆游这些念念不忘恢复的诗篇，以入蜀后居多。赵翼在《瓯北诗话》中说"其诗之言恢复者十之五六，出蜀以后，犹十之三四"，而且一直到临终都不忘收复中原。

陆游爱国诗歌的特点之三，是表现诗人杀敌报国的英雄气概和壮志未酬的悲愤。

南宋时期尖锐激烈的民族矛盾斗争使陆游走上了抗敌御侮的爱国道路。他那"气吞残虏"的英雄气概和永不衰退的爱国热情，发于诗歌，长篇短咏，都能唱出那个时代最高亢的歌声。他在青年时就写下"平生万里心，执戈王前驱。战死士所有，耻复守妻孥"的诗句。中年以后，更是"报国寸心坚如铁"，在诗中唱出"逆胡未灭心未平，孤剑床头铿有声"和"报国计安出，灭胡心未休"这样慷慨激昂的声音。一直到晚年，陆游仍然发出"一闻战鼓意气生，犹能为国平燕赵"这样的壮语，甚至还说过"壮心未与年俱老，死去犹能作鬼雄"。但是，由于南宋小朝廷屈膝求和，尽管陆游怀着报国的决心，以战死沙场为荣，而摆在他面前的却是"报国欲死无战场"。虽有"一片丹心"，但无报国机会，而冷酷的现实使他受到压抑，感到愤慨。因此，在陆游所写的那些斗志昂扬的爱国诗篇中，往往带有苍凉的色调，鸣响着悲怆的音弦，体现了他独具的艺术个性。比如表现他那愤激心情的《书愤》："早岁那知世事艰，中原北望气如山""塞上长城空自许，镜中衰鬓已先斑"。又如《夜泊水村》中所写的："一身报国有万死，双鬓向人无再青。"

这些诗篇反映了陆游爱国诗歌中所特有的悲壮、雄浑的艺术风格。再如《金错刀行》："黄金错刀白玉装，夜穿窗扉出光芒。丈夫五十功未立，提刀独立顾八方。京华结交尽奇士，意气相期共生死。千年史策耻无名，一片丹心报天子。尔来从军天汉滨，南山晓雪玉嶙峋。呜呼，楚虽三户能亡秦，岂有堂堂中国空无人。"陆游的"一片丹心"得不到报国的机会，年已50，依然"功名未立"，他只好独自一人提着宝刀，站在旷野上，顾望着八方荒远的地方。"楚虽三户能亡秦"，表现了诗人永不衰竭的为国雪耻的信念，也足以说明诗人一贯的抗战气概。这里所表现的虽是个人的感情，但实际上概括了当时许多爱国志士的思想。

值得注意的是，诗人还常常通过梦境或幻想的激情来表达他的爱国情思。如

"三更抚枕忽大叫，梦中夺得松亭关"以及"梦绕梁州古战场"等等。这些诗篇不仅富有浪漫主义色彩，而且是他爱国精神的一种深沉表现，这在当时的诗坛上是十分突出的。

作为一个爱国诗人，陆游"忧国复忧民"，对于人民的苦难生活寄予了深切的同情，他的诗歌，很多都深刻揭露了封建统治阶级对劳动人民的残酷剥削和压迫，真实地反映了农民的悲惨生活与思想感情。比如，他在《三月二十五夜达旦不能寐》诗中写道："捶楚民方急，烟尘虏未平。一生那敢计，雪涕为时倾。"诗人夜不能寐，对人民所受的双重痛苦，表现了深切的关注。在《农家叹》中，诗人更是真切地反映出农民所受的压迫："有山皆种麦，有水皆种粳。牛领疮见骨，叱叱犹夜耕。竭力事本业，所愿乐太平。门前谁剥啄? 县吏征租声。一身入县庭, 日夜穷笞榜。人孰不惮死? 自计无由生。还家欲具说, 恐伤父母情。老人倘得食, 妻子鸿毛轻。"诗人首先描绘了农民种麦种粳、辛勤力耕的情景和他们渴望太平的善良愿望, 然后写出农民被勒索敲诈, 被逮捕, 遭受严刑拷打的惨状, 揭示出租税的沉重和官府的凶残。诗中对农民求生不得、求死不能的心理状态的真切描绘, 有力地说明诗人思想感情同劳动人民接近, 对劳动人民遭受苦难的深切同情。

又如在《秋获歌》中揭露官吏残酷

压迫和剥削人民的黑暗现实："数年斯民厄凶荒，转徙沟壑殣相望。县吏亭长如恶狼，妇女怖死儿童僵。"这些诗篇，深刻地反映了当时的阶级矛盾，而诗人的爱憎感情也是十分鲜明的。陆游对待人民的态度始终是关心和同情的。他在做地方官期间，救济灾民，安定民生，发展生产，为人民做了不少有益的事情，所以老百姓深深地怀念他。正由于陆游同情人民、热爱人民，才写下了很多具有高度人民性的诗篇。

在陆游的诗歌中，除了大量的爱国诗篇外，还有很多抒写农村风光、农民辛勤耕耘、自然景物以及读史、纪行、酬答等的诗篇，题材十分丰富。清代赵翼说陆游"凡一草、一木、一鱼、一鸟，无不裁剪入诗"，真所谓"处处有诗材"。这些诗篇，有的写得清新俊逸，饶有情趣。比如《游山西村》："莫笑农家腊酒浑，丰年留客足鸡豚。山重水复疑无路，柳暗花明又一村。箫鼓追随春社近，衣冠简朴古风存。从今若许闲乘月，拄杖无时夜叩门。"在这首诗里，诗人抒发自己生活中的感情，热烈地歌唱淳朴好客的农家和农村生活习俗。诗中描绘的农村风光，似乎是"桃花源"的境界，深含着诗人对官场的厌倦

和对农村自由生活的挚爱。其中"山重水复疑无路，柳暗花明又一村"更是广为流传。

还有《剑门道中遇微雨》中的"此身合是诗人未？细雨骑驴入剑门"，以及《临安春雨初霁》中的"小楼一夜听春雨，深巷明朝卖杏花"。都是至今仍为人们所传诵的名句。

陆游不仅善于写诗，还兼长写词。不过，他并不着力于填词，所以词作不多，现存一百三十多首。他的词也是风格多样并有自己的特色。有不少词写得清丽缠绵，与宋词中的婉约派比较接近，如

有名的《钗头凤》即属此类。而有些词常常抒发着深沉的人生感受，或寄寓着高超的襟怀，如《卜算子》（驿外断桥边）、《双头莲》（华鬓星星）等，或苍凉旷远，或寓意深刻，这类词又和苏轼的风格比较接近。

但是最能体现陆游的身世经历和个性特色的，还是他的那些写得慷慨雄浑、荡漾着爱国激情的词作，如《汉宫春》（羽箭雕弓）、《谢池春》（壮岁从戎）、《诉衷情》（当年万里觅封侯）、《夜游宫》（雪晓清笳乱起）等，都是饱含着一片报国热忱的雄健之作。这类词又和辛弃疾的风格比较接近。

陆游在散文上也著述甚丰，而且颇有造诣。其中记铭序跋之类，或叙述生活经历，或抒发思想感情，或论文说诗，此类最能体现陆游散文的成就，同时也如在诗中一样，不时表现着爱国主义的情怀，如《静镇堂记》《铜壶阁记》《书渭桥事》《傅给事外制集序》等皆是。其他如《澹斋居士诗序》等文，则表现了陆游对文学的卓越见解。陆游还有一些别具风格的散文如《烟艇记》《书巢记》《居室记》等，写乡居生活之状，淡雅隽永，颇似富有情味的小品文。《入蜀记》六卷，可以说是一部优美的游记散文集，笔致简洁而又宛然如绘，不仅是引人入胜的游记，同时对考订古迹和地理沿革也有帮助。至于他的《老学庵笔记》则是随笔式的散文，笔墨虽简而内容甚丰，所记多系轶文故事，颇有史料价值。其中论诗诸条（如批评时人"解杜甫但寻出处"等），亦堪称卓见。

作为一位著名的文人，陆游多次参加过国史、实录的编写工作，自己还写了一部历史著作《南唐书》。当然，从陆游一生创作来说，取得杰出成就的当属诗歌。人们公认他诗歌的水平高于当时与他并称的尤袤、范成大、杨万里三人。

陆游的诗歌不仅洋溢着爱国热情，给南宋诗坛带来了战斗的气息，而且在艺术表现手法上有着自己的特色。这与他植根于现实生活，又善于向古代优秀诗人学习是分不开的。陆游是一位刻苦学习的诗人。他熟读过屈原、陶渊明、李白、杜甫、岑参等人的作品，并能汲取各家之长，补己之短，而自成一家。陆游诗歌创作的主要手法是现实主义的，而奇特的夸张、梦幻的手法又是构成陆游诗中浪漫主义色彩的重要因素。他在诗歌语言方面，颇下过一番功夫，大都能做到晓畅平易，自然功妙。虽然他炼字琢句，但接近口语。清代赵翼说他的诗"清空一气，明白如话"。刘熙载也说他"诗能于易处见工，便觉亲切有味，白香山、陆放翁擅长在此"。至于陆游的诗歌体裁方面，无论是古体诗、律诗或绝句，都有不少佳

作，尤其擅长七律。清代沈德潜说："放翁七言律，对仗工整，使事熨贴，当时无与比埒。"所以前人曾把他和杜甫的律诗相提并论。综观陆游诗歌的艺术风格特色是：既有雄浑奔放的一面，又有清新婉丽的一面，语言明白流畅而感情热烈。当然，由于时代和阶级的局限，陆游把恢复中原的希望寄托在封建统治者身上，一旦遭到排斥和打击，便不免在诗中流露出悲观、伤感的情绪。在艺术上，许多诗写得比较粗犷而不够精练，而且构思和诗句雷同的地方也较多——这一点尤其体现在他晚年的诗作中，大概是此时陆游已精力渐衰，才出现这种情况。

总之，陆游的诗歌无论在思想性和艺术性方面都取得了卓越的成就，在我国文学史上占有重要的地位。他的爱国诗篇，既是诗人形象的自我写照，又是南宋时代精神的艺术体现。这些爱国诗篇，不仅震动南宋诗坛，鼓舞着人们的战斗意志，而且对后世产生了深远的影响。近八百年来，当我们的祖国、民族遭受侵略的危难时刻，人们更加怀念和推崇陆游，深受其爱国诗篇的感召。比如近代梁启超在《读陆放翁集》中赞扬陆游"诗界千年靡靡风，兵魂销尽国魂空。集中十九从军乐，亘古男儿一放翁！"著名的爱国民主人士、诗人柳亚子也推崇陆游说："放翁

爱国岂寻常？"这些都充分说明了陆游的爱国诗篇一直受到人们的喜爱，至今仍然震撼着我们的心灵，激励和培养着我们的爱国主义热情。

在中国文学史上，陆游的影响是巨大的。从总体来看，特别是从反映时代的深度和广度来看，陆游的确不愧为宋代最杰出的诗人之一。

二、范成大

　　"南宋四大家"中陆游、杨万里的声名尤著。尤袤流传下来的作品很少，成就也不高；杨、范虽比不上陆游，但都能摆脱江西诗派的框架，思想、艺术各有特色，不愧为南宋杰出的诗人。

　　范成大，字致能（致，一作至），号石湖居士，平江吴县（今江苏苏州市）人。生于北宋钦宗靖康元年（1126年）六月初四。就是这一年，金兵正式南侵，范成大

在国土沦丧的年月里降生并成长起来。同时代的诗人杨万里曾有过"乱起吾降日，吾将强仕年；中原仍梦里，南纪且愁边"的感慨，范成大也是为此。

范成大的家世情况，父亲以上无可考，父亲范雩，宣和六年进士，官至秘书郎。范成大十四五岁时，父母相继去世。他16岁时，全国人民痛心疾首的"绍兴和议"签订，大宋王朝对金俯首称臣，年年纳贡，从此，人民长期陷入极其惨重的灾难之中。国事、家事的不幸，少年时期的黯淡岁月，对正在成长中的范成大的人生观和性格的影响是巨大的。范成大有两个妹妹，他把妹妹抚养成人以后，才有余力努力学习。他曾取唐人"只在此山中"诗句，自号"山中居士"，读书自励，十年不出。据他的诗自叙，当时并无"一廛"的居处、"三椽"的房屋，借住于寺院中苦读。最初他无意科举，后来他父亲的挚友王葆拿"先君""遗志"这类"大道理"来督促他参加科举考试，于高宗绍兴二十四年（1154年）考取进士，当时的范成大已经29岁，从此开始了三十年的仕宦生涯。

大约从绍兴二十五年起，范成大被任命为徽州（今安徽歙县）司户参军，任期达六七年之久（一般是三年任满）。绍兴三十一年（1161年）冬天，由于州官上司洪适的推荐，得以离京入杭，去做京官。这一年，金国完颜亮大举进犯宋朝，虞允文大败金兵于采石（今安徽当涂），这就是历史上著名的"采石大捷",危急的局势得以缓解。不久,完颜亮被部下所杀,金兵退去。范成大被征召入朝,监太平惠民和剂局。

1163年宋孝宗改元隆兴,四月,决定了二十年以来所未曾有过的北伐计划。老将张浚,指挥李显忠、邵宏渊进攻。李显忠一出兵就连下三城,气势极壮;各地忠义民兵和金国汉军纷纷归附,前景极好。可是文臣中仍然是主和派执政,多方阻挠,加上邵宏渊以私心一意破坏李显忠的军事行动,因此导致一次大溃败。

宋孝宗赵昚马上动摇,启用秦桧党羽汤思退做宰相,尽撤江淮的边防,欲割地求和;次年,张浚解职,不久去世。这年冬天,金兵再犯淮南。魏胜战死,楚州陷落,民心痛愤之极,赵昚不得以将汤思退流放永州,汤思退未到流放地就死在了路上。至此,秦桧的势力才算告一段落。当然,大官僚和投降派,并

未就此失势，他们始终是要苟安偷活、自
私自利的。

范成大历任圣政所检讨
官、枢密院编修、秘书省正字、
校书郎兼国史院编修，后晋升为
著作佐郎。乾道二年（1166年），任
吏部员外郎。因言官说他不该越级提升，
请祠（请求安置任宫观的闲官）归乡。第
二年，被起用为处州（今浙江丽水县）知
府。他在处州做了两件有益于人民的事：
一是推行"义役"法（一人服役，众人出
金相助，依次轮流），方便了民众；二是
修复年久损坏的通济堰，使上中下田灌溉
有序，有利于生产。

乾道五年（1169年），范成大被召到
杭州，宰相陈俊卿认为他有才干，举荐他
做了礼部员外郎，兼崇政殿说书、国史
院编修，仍旧都是一些所谓的"清职"。
十二月，升任起居舍人，兼实录院检讨。
曾就处理狱犯的酷虐和两浙"丁钱"太重

等事进言，获得一些采纳。

乾道六年（1170年），发生了一件对南宋国势并没有太大关系，而对范成大来说却颇为重要的事情。这一年，范成大奉命出使金国。原来，订立"绍兴和议"时，金、宋是君臣关系，南宋皇帝须跪拜接金国皇帝诏书；"隆兴和议"时改为叔侄关系，但订约时忘记了改受书的礼仪，孝宗赵眘对此非常懊恼。这次派范成大出使，名义上是求"陵寝"之地（北宋皇帝陵墓所在地，即河南汴京一带），实际上是想求金国改变受书的礼仪，但国书上又不敢明写，怕惹怒金国，只好叫使臣处理。当时丞相虞允文推荐两个人做使臣：李焘、范成大。李焘听得这个差使，当即说："这岂不是要葬送我？"不敢应承。范成大慨然请行，而且做了最坏的准备，事先安排好了家事。在六七月间启程北上，途中他以个人名义密草私书，陈说改变受书礼仪一事。范成大到了金国朝廷，送上国书之后，随即拿出私书来，要求对方接受（按金国规定，在当时场合，皇帝是不接受使臣私书的）。金国皇帝又惊又怒，厉声斥责负责外交事务的宣徽副使，说宋使从来没有敢这样放肆过，左右也大加恫吓，金国皇帝后来竟要起身离席，情形极为紧张。范成大屹然不动，坚持必须递交私书才肯退去。金国皇帝没有办法，最后只好答应接受。事后，范成大才知道，金国太子当时就想杀他，经人劝阻，才没有行事。他这种敢于在金国皇帝面前"要以必从"的气概和果断坚定的精神，让金国的臣僚们非常钦佩，因为他们从来还没有见过这样的宋朝使臣。范成大这次出使，不但维护了宋朝的威望，还趁机对金国各方面情况作了详细的了解。此行得到朝野南北一致称道，产生了良好的影响和作用。由于出使有功，范成大升迁中书舍人。

乾道七年（1171年），赵昚要任用奸佞外戚张说做签书枢密院事（军务要职），舆论哗然，可是都畏惧张说的气焰，不敢讲话。范成大拒绝起草授官的诰文，从容进谏，张说的签书枢密院事的事居然因此作罢。这件事之后，范成大被迫引退，请祠禄归苏州。

赵昚初期的那点朝气已尽，暮气日益深重，不顾劝谏，一意任用奸佞小人担任重要官职，正直人士如虞允文、梁克家等相继被排挤而去。老一辈的人才已经凋落无余，后起爱国有为之士如辛弃疾等人则不被重用，只能在谗毁打击下讨生活。农民无立锥之地，还要负担重税，被逼得逃田弃屋，或流亡城市，或落草山林，聚义反抗。大官僚地主则地连数县，每年收到百万石的租米，却不负担租赋、职役，奢侈淫逸达到极点。

在这种情形下，范成大不能在朝中立足，从乾道八年（1172年）冬天被复用以后，到淳熙九年（1182年）五月的十年之间，除了中间一度短期在朝，其余时间都被派到边远地区任职，流转于静江（今广西桂林）、成都、明州（今浙江宁波）、建康（今江苏南京）作地方官吏。他在各地，都能在职权范围内或多或少施行一些善政，直接或间接地使重压之下的人民略得喘息。在桂林时，因监司官尽取盐税，使得下层州县加倍苛敛，他就抑监司以解州县，苛敛得以稍减。他对边区也不加歧视，人民都很爱戴他。在四川帅任中，范成大治兵选将、施利惠农，边防得以巩固，减酒税四十八万缗，停"科籴"五十二万斛。在明州，将前任皇子赵恺（魏惠宪王）遗留的害民虐政，尽行罢去。在建康，移军米二十万石赈救饥民，减租米十几万斛，受赈的据说达到四万五千几百户，没有一户流离失所的；又代下户（贫民）输纳"秋苗钱"和"丁钱"一年。又如他在明州写的一首小诗："老身穷苦不须忧，未有毫分慰此州；但得田间无叹息，何须地上见钱流！"表明了他反对苛敛，主张减轻农民负担的愿望。

他由桂林、四川两任回朝以后，在淳熙五年（1178年）四月，以中大夫做了参知政事，这是他由文学词臣走到了"宰执"大臣的仕宦高峰。可是这时赵昚的政见已经与他不合，没多久就厌倦了他，范成大被言官弹劾，落职归里，这时他做参政一共才两个月的时间。

从淳熙六年起知明州，到淳熙九年（1182年）在建康得病，范成大五次上书，请求解职退休，

得回乡里，这时范成大已经57岁了，他的仕宦生涯从此基本结束。此后十年即退归乡里，隐居石湖，因号石湖居士。中间虽曾两度重被起用做福州、太平州（今安徽当涂）地方官，但他要么坚决辞谢，要么才一到任就告休回来，实际上并未任事。光宗即位（绍熙元年，1190年）以后，他曾上书极力陈述苏民、求将、固边、屯田、课财等事，均被采纳。

绍熙四年（1193年）九月初五日，范成大在家中病逝，享年68岁。谥号"文穆"。

范成大的一生，约略可以分为五个时期：由十四五岁初为诗文、连遭亲丧起，十年不出，为第一个时期。从习举业、中进士、初做徽州四户司户，这十年左右，为第二个时期。入杭州做京官以下，约十年，为第三个时期。外任镇帅，亦约十年，为第四个时期。从建康告闲退休，亦

约十年，为最后一个时期。而他的诗歌作品，也正由于生活上的变化，大致可以按照以上五个时期来划分。

比起同时代齐名的诗人陆游、杨万里和尤袤，范成大自编的诗集中存诗的开始时间算是最早的。最初期，他在艺术风格上还未十分成熟，内容也欠充实，我们看到的，是孤独寂寞的情怀，悲观消沉的心境，所谓"青鬓朱颜万事慵"；虚无、厌世情绪，所谓"吾将老泥蟠"；道家思想很早就在他诗歌中露出根芽。这与一个二十岁左右的少年，并不相称。对农村风物的描写，也已有了开端，可是，他此时笔下用力写的尚是自然景物，除了"深村时节好，应为去年丰"以外，他还不能对其他重要问题深入探究。总之，这一时期的诗还是比较肤浅的。但是他写出的"莫把江山夸北客，冷烟寒水更荒凉"，不仅反映出当时江南残破的真实情景，也表达出了这个少年对南宋政府的批评以及他忧国爱国的思想，这是非常可贵的。

　　大约在二十五六岁以后，范成大的诗转入另一阶段。虽然还正在发展期，却不容忽视。和前一阶段比起来，内容明显丰富了，在艺术风格上也更为成熟、变化更多了。对国家的关心有了更多的表现，或因祖国景物、地理形胜而发，或以咏史的形式来表达，或用更深婉的"比兴"手法而咏叹。例如写建康，说"拂云千雉绕，截水万崖奔""赤日吴波动，苍烟楚树昏"，上句写反顾江南，下句写前望江北（楚，这里不是一般常指的湖南、湖北，或宋人

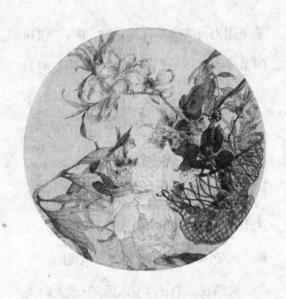

所指的江西地，而是指淮南一带乃至更北的陷金地区，宋以淮安为楚州），说明此地扼南北宋金之冲要；而"赤日""苍烟""波动""树昏"，从字面的背后，也透露了更深刻的内涵；由此，在结到"向无形胜地，何以控乾坤"的主旨，隐隐提出应当建都于此地的正确主张，就非常有力。像《胭脂井》这首小诗，尖锐地讽刺了赵构这个荒淫皇帝。另有一首小诗中写道："乌鸦撩乱舞黄云，楼上飞花已唾人；说与江梅须早计，冯夷无赖欲争春！"这里隐含着向朝廷提出的警告和期望，是诗人生活在黯淡苦闷的岁月里所发出的呼声，提醒南宋朝廷早作打算，盼望早日打破那个沉闷、窒息的"和议"局面。

由于"少孤为客早"，范成大这时大概为了生活或其他缘故，已经开始各地奔走流转，为了科考，他也不得不驰驱于建康、临安等地。行旅虽然使他厌倦，但却开阔了他的眼界，丰富了他的生活，有更多的机会去接触人民。因此，他这时期写行

085

旅、写风土、写名胜，都有很好的作品。写大雨中农民劳作不息，说："嗟余岂能贤，与彼亦何辨？扁舟风露熟，半世江湖遍；不知忧稼穑，但解加餐饭；遥怜老农苦，敢厌游子倦？"可见对农民的辛苦，以同情和自惭的心理，写来已不仅仅局限于最初期的只于对农村风物的"赏心"了。不久，四首仿效王建的《乐神曲》《缲丝行》《田家留客行》《催租行》就又向前跨进一大步，由单写农民体力劳苦而深入到"去年解衣折租价，今年有衣著祭社""输租得钞官更催，踉跄里正敲门

来"了。范成大一向有"田园诗人"的称号,多指他在晚年作的六十首《四时田园杂兴》,其实他的早期作品已经开始关心农民疾苦与生活了。

在这个时期,范成大写他个人的诗,仍然有"孤穷""霜露"的悲痛情绪。厌恶仕宦利禄的思想,在诗中表现得特别强烈。自幼多病,也增加了他的痛苦和苦闷,以至有"化儿幻我知何用,只与人间试药方"的叹息。另一方面,也有时流露一些个人的"抱负",说"我若材堪当世用,他年应只似诸公",说明那个时代环境给他身心带来的种种痛苦和矛盾。

第三个时期,即主要是在杭州做京官时的作品。由于生活圈子的限制,这个时期的诗显得暗淡无力,远不如上一时期的作品能吸引读者。内容大多是和士大夫同僚的唱和,或游湖,或赏梅,或听音乐。"应制"体也开始出现,说明了生活

决定创作的真理。

这个时期的使金绝句，特别值得称道，内容饱满，也是范成大诗集里最好的组诗之一。这一组诗，按内容分，大致有几类：第一，针对沦陷地区的景色、地理而写的爱国诗，瞻望收复河山的心怀；第二，借古人而抒发感慨、批评政府的错误；第三，写沦陷区人民盼望祖国恢复；第四，描写金国的风土、习俗以及种种落后、残破、野蛮的景象；第五，诗人自己报国的决心；第六，借古迹而抒发情感。这类诗，就南宋的腐朽昏庸的若干具体事实，沉痛地指责了卖国、误国者的罪恶，读来令人义愤填膺，无愧史笔。范成大这些诗，完全运用十分平易近人的、像"竹枝词"式的绝句小诗，精彩地收摄了每一个有意义的镜头特写。

第四个时期，即在外面做四任边区大吏的阶段，作品数量庞大，竟然占了全集三十三卷中的十卷之多。虽然并不是范成大最重要、最出色的手笔，但是却构成了其山川行旅诗的特点。由于他西至四川、东至明州、南至桂林、北至建康，实际上是走遍了南宋疆域的四极之地，反映面是十分广阔的。祖国的山川形势，人民的风土生活，都得到了描写，而且写得

都很真切、细致、清新、丰富，总的感觉就是充实。

《夔州竹枝歌》描写了背着孩子采茶叶的妇女和"买盐沽酒"的水果贩，另一面则写官僚吃好米，穷人吃豆粟，"东屯平田秔米软，不到贫人饭甑中"以及"绣罗衣服生光辉"的大商贾的"当筵"荒乐。这无疑是南宋封建社会各阶层生活的缩影。《黄罴岭》，写深山中农民的穷苦生活。《潺陵》《荆渚堤上》写湖南农村遭到破坏以后的惨状。《劳畲耕》，着重写了吴农的受尽剥削，由于官府的苛虐强夺，胥吏的贪婪凶狠，地主的私债逼迫，以致逃田弃屋，室无炊烟，"晶晶云子饭，生世不下咽（咽喉）；食者定游手，种者长流涎"，十分深刻地揭露剥削者的残忍，社会的不公平。关心民生疾

苦成了范成大作品中的一贯主题。

第五个时期也是最末一个时期，范成大退居田园。从57岁到68岁，他的暮气似乎显得重了些，爱国之心却未完全忘怀。开始出现了一些描写花鸟虫鱼的诗作，这是以前绝未有过的。大约从淳熙十二年（1158年）起，同情人民疾苦的诗作显著增加。这一时期也产生了至为重要的几组作品，有些诗以农村景物、习俗和农民生活为题材，写得别具一格。代表作当属《四时田园杂兴》六十首，范成大也是因此获得了"田园诗人"的称号。

在这一组诗中，范成大对自己所观察、了解和体会到的农村情况、农村生活作了多方面的描绘，既描写了农村的自然景色，又反映了农民的生活和劳动，还揭露了统治阶级对农民的剥削。如"下田畈水出江流，高垄翻江送上沟。地势不齐人力尽，丁男长在踏车头"，这是一幅紧张而又艰苦的抗旱图景。"新筑场泥镜面平，家家打稻趁霜晴。笑歌声里轻雷动，一夜连枷响到明。"这是一支忙碌而又欢快的秋收乐曲。这样的诗，虽说未免有失客观，不是"劳者歌其事"，但仔细体味，作者的忧乐还是融会在其中的。诗人还在这组诗中写到了农村生活的其他一些侧面，而且清新可喜，一直流传至今。如《夏日》诗中的两首："昼出耘田夜绩麻，村庄儿女各当家。童孙未解供耕织，也傍桑阴学种瓜。"这是写农民一家辛勤劳动的情景。

"黄尘行客汗如浆，少住农家漱井香。借与门前盘石坐，柳阴亭午正风凉。"这是写农家热情好客的淳朴感情。范成大的田园诗，是在继承前人的基础上又结合自己的体验而创作出来的。有陶渊明以"返自然"为趣和以"躬耕"为乐的一面，但突破了个人的小圈子，使境界开阔了；也有王维、储光羲描写农村安闲生活和自然景色的一面，但突破了"羡闲逸"的个人情趣，对农村的观察、更深了解更细了。

　　阶级的局限和佛家思想无疑对范成大产生了影响，又由于他做过近臣、任过高官，同时在官场上也屡遭波折，所以他的诗还有相当一部分是应酬唱和（其中"次韵"诗特别多）、山川行旅、叹老嗟悲或兜售佛典禅理之作。今存《石湖居士集》及《石湖词》等。

三、杨万里

　　杨万里，字廷秀，号诚斋。吉州吉水
（今江西省吉水县）人。生于南宋高宗建
炎元年（1127年），家室清寒。绍兴二十四
年（1154年）考取进士，和同他齐名的诗
人范成大同年登第。最初担任赣州司户
参军，接着调任永州零陵（今湖南零陵
县）县丞。当时，抗金名将张浚谪居在永
州，闭门谢客，杨万里多次登门拜访，均
被拒绝；后来以书力请，才被接见，相谈

甚洽。张浚以"正心诚意"之学勉励与教诲他。他终身奉行，并将自己的书室起名为"诚斋"，因而自号"诚斋野客"。

绍兴三十二年（1162年），孝宗即位，张浚重被起用，便向朝廷推荐杨万里，被任命为临安府教授。杨万里还没有赴任，即遭父丧服孝，服丧期满后，改知隆兴府奉新县（今江西新奉县）。在此初步实践了他不扰民的政治志愿，和当地百姓关系很好，获得治绩。乾道六年（1170年），上《千虑策》，得到宰相陈俊卿、枢密虞允

文的器重和推荐, 任国子博士, 开始做京官。乾道七年, 当时的侍讲张栻 (张浚之子) 因反对孝宗任命奸佞的外戚张说为金书枢密院事而被贬, 出守袁州, 杨万里为张栻抱不平, 又致书虞允文, 但没有效果。后来, 张栻虽被贬, 但民众对杨万里的行为都很敬佩。不久迁太常博士、太常丞, 兼礼部右侍郎, 转将作少监。

淳熙元年 (1174年) 出知漳州, 不久改知常州。淳熙六年 (1179年), 提举广东常平茶盐。在任上, 曾镇压沈师起义军,

因此升任广东提点刑狱。淳熙九年（1182年）因母丧离任，淳熙十一年，召还杭州为吏部员外郎。次年升郎中，五月，以地震应诏上书，极论时事，列举了十项在"无事之时"就应注意的军国大事。最后又劝谏孝宗要有远见，不要忘乎所以；要注意采纳进言，选用人才，而不要自专自用。

淳熙十三年（1186年），任枢密院检详官兼太子侍读。在陪太子读书的过程中，能随时有所"规警"，很受太子敬重。十四年（1187年），迁秘书少监。不久，高宗死，孝宗为表示孝心，要服丧三年，不处理日常政事，创议事堂，于是让太子来参决庶务。杨万里力谏不妥，并上书给太子，言说"天无二日，民无二主"的道理。这时翰林学士洪迈不等高宗入葬，不经集议，抢先提出要以吕颐浩等（主和派）配享庙祀的问题，杨万里坚决反对，上疏抨击洪迈这是在干"指鹿为马"的勾当。他这番劝谏惹恼了孝宗（因为这等于比他为秦二世）。他的仕途上发生了重大转折，于是外出任筠州（今江西高安县）知州。

淳熙十六年（1189年），光宗即位，杨万里被召为秘书监。绍熙元年（1190年），为接伴金国贺正旦使兼实录院检讨官。终因孝宗对他不满，外出任江东转运副使，权总领淮西江东军马钱粮。这时，朝廷想在江南诸郡行铁铸钱，杨万里认为不便民，上疏表示反对，且拒不奉诏，惹怒了宰相韩侂胄，改知赣州。杨万里见自己的抱负无法施展，不去赴任，请祠归乡。

宁宗即位（1194年）后，屡次召他入朝，任以官职，他知道这是韩侂胄想笼络他，便都坚辞不就。嘉泰三年（1203年），进宝谟阁直学士。开禧二年（1206年）升宝谟阁学士——这都无非是些虚官衔罢了。同年去世，赠光禄大夫，谥号"文

节"。

　　杨万里一生力主抗金，反对屈膝投降，他在给皇帝的许多"书""策""札子"中都一再痛陈国家弊病，力陈投降之误，爱国之情，溢于言表。他为官清正廉洁，尽量不扰百姓，当时的诗人徐玑称赞他"清得门如水，贫惟带有金"。江东转运副使任满之后，应有余钱万缗，但他均弃于官库，一钱不取而归。他立朝刚正，遇事敢言，针砭时弊，无所顾忌，因此始终不得大用。实际上他为官也不斤斤计较营求升迁，在做京官时就随时准备丢官罢职，因此预先准备好了由杭州回家的路费，锁置箱中，藏于卧室，又戒家人不许买一物，恐怕一旦去职回乡时行李累赘。后来赋闲家居的十五年中，韩侂胄还在任上秉政，其新建南园，请杨万里作一篇"记"，许以高官相酬，杨万里坚辞不作，表示："官可弃，'记'不可作。"这时韩侂胄已专权多年，朝中党羽很多，凡与他们意见不合的，都遭到了排挤和打击。杨万里看到这种情况，忧愤成疾。家人知道他忧国心重，一切关于时政的消息都不敢告诉他。忽然一天有族子从外面回来，说出了韩侂胄出兵北伐的事，杨万里当即痛哭失声，急忙命家人拿来纸笔，写了"韩侂胄奸臣，专权无上，动兵残民，

谋危社稷，吾头颅如许，报国无路，惟有孤愤"等语，笔落而逝。由这种种事迹看来，杨万里实在是一位叫人佩服敬爱的大诗人。诗人葛天民夸他"脊梁如铁心如石"，并非溢美之词。

作为一个诗人，杨万里在当时有很大的影响。他的诗与陆游、范成大、尤袤齐名，称"南宋中兴四大诗人"。传说他写过两万多首诗，可惜现在流传下来的只有四千多首。他最初模仿江西诗派，后来认识到江西诗派追求形式、艰深晦涩的弊病，于绍兴三十二年（1162年）焚烧自己的诗篇千余首，决意跳出江西诗派的窠臼而另辟蹊径。经过艰苦的探索，终于自成一家，形成了独具一格的诗风。他诗风淳朴，语言口语化，构思新颖，号为"诚斋体"。对当时诗坛风气的转变，起了一定的促进作用。杨万里在文学史上之所以有一定的地位，受到人们的重视，主要是因为他创造了这种"诚斋体"诗。

"诚斋体"诗，从题材上说，主要效法自然，从自然和自己日常经历的生活中摄取诗的题材，用他自己的话说，就是"步后园，登古城，采撷杞菊，攀翻花竹，

万象毕来，献余诗材。盖挥之不去，前者未应，而后者已迫"（《荆溪集自序》）。这也就是他诗中所说的"山中物物是诗题"。从表现手法上说，主要是反对刻意雕琢，"晚爱肥仙诗自然，何曾绣绘更雕镌"，而崇尚信手拈来、一挥而就的即兴式手法。从自然界和生活中，悟到什么诗意，得到什么诗的题材，随手写来即是。同时，他还注意使诗与诙谐幽默而又饶有趣味的想象和构思结合起来，做到所谓"诗已尽而味方永"。从语言上说，主要是反对袭用前人陈言，"不听陈言只听

天"，提倡脱口而出，自然平易，"君看醉中语，不琢自成文"，并广泛吸取和选用生动活泼的民间口语、俗语、俚语，以增加诗的幽默感和趣味性。

这种"诚斋体"的诗大都是用绝句体写成的。如《舟过城门村清晓雨止日出》："五日银丝织一笼，金乌捉取送笼中。知谁放在扶桑树，只怪满溪烟浪红。"依据太阳是金乌这一传说，想象出雨天是它放在银丝织的笼子里，晴天则把它放在扶桑树上。想象新奇，诙谐幽默。又如《入常山界》："昨日愁霖今喜青，好山夹路玉亭亭。一峰忽被云偷去，留得峥嵘半截青。"同是写雨止天晴，这诗却又是一番景象，一个新的境界，用一"偷"字，把雨后日出山行所见的情景写得活泼有趣。此外，也有用其诗体写成的"诚斋体"。如《芭蕉雨》："芭蕉得雨便欣然，终夜作声清更妍。细声巧学蝇触纸，大声铿若山落泉。三点五点俱可听，万籁不生秋夕静。芭蕉自喜人自愁，不如西风收却雨即休。"

这是一首古体诗。诗中把芭蕉拟人化，在声音上作了一番精心描绘，可是芭蕉的喜雨却与人的愁雨发生矛盾，于是陡

然一转，不如西风收雨，来了个意外的收尾，耐人寻味。这就是"诚斋体"的艺术手法。这种"诚斋体"的诗，虽然在风格上、创意上有独创性，但由于主要是从自然界和日常生活中摄取材料，因此，思想性不强，境界不高，社会意义也不大。有些写生活琐事的诗，如病中无聊、梳头有感、睡起理发、雨中懒困之类，则不但谈不上什么"诗意"，而且简直是庸俗无聊了。再从艺术上说，由于过分重视趣味性

和"信手""走笔",率性成章,缺乏高度
的艺术概括,以致有些诗不免写得粗疏
草率,语言过于随便(如"先生吃茶不吃
肉,先生饮泉不饮酒"之类),这些都是
不足取的。

杨万里的诗中,内容较充实,并有一
定社会意义的,是一些有关国事民生的
作品。有关国事之作,以《续朝天集》中
的一些诗为代表。光宗即位后,他从筠
州被召回朝,不久为迎接金国使者,渡长

江，来到淮河前线。亲眼看到宋朝的大好河山沦落金人手中，淮河成了南宋的北部边界，两岸的骨肉乡亲不能自由往来，心中有无限感慨，写下了不少有爱国激情和深厚民族意识的诗作。如《初入淮河》："两岸舟船各背驰，波痕交涉亦难为。只余鸥鹭无拘管，北去南来自在飞。"往昔是一统江山，而今一水之隔，却是南宋北金，舟船各走一边；只有水鸟无拘无束，可以南北"自在飞"。这中间蕴含着沉痛的感情。《过扬子江》诗云："天将天堑护吴天，不数殽函百二关？万里银河泻琼海，一双玉塔表金山。旌旗隔岸淮南近，鼓角吹霜塞北闲。多谢江神风色好，沧波千顷片时间！"意谓：长江天险，真的能胜过"殽函百二关"吗？即使此时可以"沧波千顷片时间"而过，那么万一金兵打来，又当如何呢？

还有他路经镇江金山时，看到风景如画的金山亭台变成了专门招待金使烹

茶的场所,愤慨地写下了"大江端的替人羞! 金山端的替人愁"的诗句,深深地鞭挞了屈辱的南宋小朝廷。此外,如《读罪己诏》《故少师张魏公挽词》《虞丞相挽词》《豫章江臬二首》《宿牧牛亭秦太师坟庵》等诗章,或寄托家国之思,或呼吁抗金复国,或歌颂抗敌捐躯的将领,或讽刺卖国投敌的权奸,都是杨万里的名篇。

有关民情之作,如《竹枝歌》七首,是他充任接伴使时,夜晚在去丹阳的船上,听到"舟人与纤夫终夕有声"有感而

作的。诗中写到了舟人纤夫们的劳动情景和痛苦心情，也写到自己对他们的同情和关注，如其中一首说："幸自通宵暖更晴，何劳细雨送残更？知侬笠漏芒鞋破，须遣拖泥带水行！"纤夫们整夜拉纤，已经够辛苦的了，偏偏天亮前下了雨，害得他们拖泥带水而行。又如《圩丁词十解》，是他路过当涂蒲塘的石臼湖时，看到圩田之利和圩丁们筑堤情况而写的，意在"授圩丁之修圩者歌之，以相其劳"。这十首诗，有的以赞赏钦佩的态度描绘了劳动人民修筑的这一水利工程的坚固和妙用；有的则以满腔热情歌咏了这一水利工程给人民带来的好处。另外，他还写了一些《悯农》《观稼》《农家叹》《秋雨叹》《悯旱》等反映民间疾苦的诗。农村的劳动和农村风光，也是诗人常写的题材。如《插秧歌》就写了农民一家老少齐出动，忙得连饭都顾不上吃，即使下雨也不停紧张劳动的情景。但总的来看，杨万里这些反映民情的诗，其思想深度是不够的，对社会现实缺乏深刻的揭露，因而与同时代的陆游、范成大等诗人是相比稍逊一筹。

杨万里现存的诗篇，大部分是吟咏江风山月的写景抒情之作和应酬之作。这部分作品，有的题材过于细碎，缺乏高度的艺术概括，流于粗率浅俗。但也有不少抒情写景的小诗，由于观察细致深入，描写生动逼真，感情真挚浓厚，因而意趣盎然，颇能动人。如"梅子留酸软齿牙，芭蕉分绿与窗纱。日长睡起无情思，闲看儿童捉柳花""雾外江山看不真，只凭鸡犬认前村。渡船满板霜如雪，印我青鞋第一痕""春回雨点溪声里，人醉梅花竹影中"……均写得圆转自然，清新活泼，极有思致，和那些专门描摹风云月露的诗人走的是不同的道路。

四、尤衰

尤袤，字廷之，小字季长，号遂初居士，晚年号乐溪、木石老逸民，南宋高宗建炎元年（1127年）二月十四日生于无锡一个书香门第。祖父、父亲皆治史擅诗。尤袤自小受家学熏陶，5岁能为诗句，10岁有神童之称，15岁以词赋闻名于毗陵郡（今常州，时无锡属毗陵）。

尤袤于绍兴十八年(1148年)举进士，任泰兴县令。当时宋室山河破碎，偏安江南。泰兴处于南宋边区，金兵时常入侵，"县旧有外城，屡残于寇"。尤袤上任后，一面为民请命革除苛捐弊政；一面率领军民整修城郭。宋绍兴三十一年(1161年)十月，金兵大举南侵，扬州、真州(今仪征)等城都被攻陷，只有"泰兴以有城得全"。

尤袤在泰兴有政绩，后奉调入京，任秘书丞兼国史院编修官和实录院检讨官，后又升任著作郎兼太子侍读。

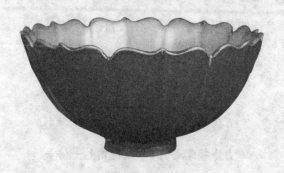

　　乾道八年(1172年)二月，尤袤因与一些大臣反对孝宗任用安庆军节度使张说执政，于次年冬被赶出京城，任台州(今浙江临海)知州。尤袤在台州期间，曾减免了一万多户无地贫民的税收，继续加厚和加高了前任知州修筑的城墙。后来，台州发生洪水时，城区由于城墙高、厚而未受淹。

　　当尤袤在台州作出政绩时，一些奸诈之辈就散布流言对他进行中伤，这引起了孝宗的怀疑，于是特地派人对尤袤进行秘密调查，使者在台州听到的是民众对尤袤的一片赞誉声，回京如实作了汇报，并抄录了尤袤在台州所作的《东湖》诗四首呈送孝宗。其中二首：

三日瑶霖已渺漫，未晴三日又言干。

从来说道天难做，天到台州分外难。

百病疮痍费抚摩，官供仍俄拙催科。

自怜鞅掌成何事，赢得霜毛一倍多。

孝宗对尤袤勤奋政事和忧国忧民的品德十分欣赏。不久就提升尤袤为淮东(今淮扬一带)提举常平，后又调任江东(今南京、广德一带)提举常平。尤袤在江东任内，适逢大旱，他率领人民抗灾，并设法赈济灾民。后被提升为江西转运使兼隆兴(今江西南昌)知府。

　　淳熙九年(1182年)，尤袤被召入朝，授吏部郎官、太子侍讲，后又提升为枢密检正兼左谕德。在朝时，他直言敢谏。淳熙十年(1183年)夏大旱，尤袤便上书皇帝，对当时政治上的黑暗作了无情的揭露，书中说："催科峻急而农民怨；关征苛察而商旅怨；差注留滞，士大夫有失职之怨；廪给浚削，而士卒又有不足之怨；奉谳不时报，而久系囚者怨；幽枉不获伸，而负累者怨；强暴杀人，多特贷命，使已死者怨；有司买纳，不即酬价，负贩者怨。"他要求孝宗革除弊政，以弭民怨。

　　宋淳熙十四年(1187年)十月，尤袤被

任用为太常少卿，他对朝廷礼制和人才使用提出了很多正确的意见，深受孝宗的赞许，进官权礼部侍郎兼同修国史侍讲，后又被任命兼权中书舍人和直学士院之职，尤袤力辞并推荐陆游替代自己，但孝宗不同意。

宋光宗于淳熙十六年(1189年)二月即位，即位后，尤袤再三谏劝，要他"谨初戒始，孜孜兴念"，告诫他"天下万事失之于初，则后不可救"。并对光宗即位后即任用亲信和滥施爵赏的做法十分忧

虑。他引用唐太宗登基后不私秦王府旧人的故事，想引起光宗的重视，但尤袤的这番忠言不仅没有打动光宗，反而被一些奸臣从旁诽谤，说他是已经下野的周必大的党羽。绍熙元年(公元1190年)尤袤再次被逐出京城，出任婺州(今浙江金华)、太平州(今安徽当涂)的知府。后又被召入朝任给事中兼侍讲。此时他又要求光宗"澄神寡欲""虚己任贤"，并对光宗继续滥施爵赏的做法一再进行劝阻。光宗有时也能采纳尤袤的意见，如撤销了

一些升迁近臣的决定等等。但有时仍固执己见，甚至对尤袤的上谏大发脾气。有一次光宗又对不应提升的官员委以重任。尤袤上奏谏阻，光宗大怒，当即把尤袤的奏章撕得粉碎。

尤袤对光宗朝令夕改、反复无常的做法非常不满，曾数次要求致仕归田，并以不愿为官、隐居山林的晋代名士孙绰撰写的《遂初赋》的"遂初"二字以自号，光宗一面书写"遂初"二字赐给尤袤；一面又不同意他致仕，还迁升尤袤为礼部尚书。尤袤年七十，方致仕归家。在无锡束带河旁的梁溪河畔造了园圃，题名乐溪。园内有万卷楼、畅阁、来朱亭、二友斋等。嘉泰二中(1202年)，尤袤病逝，终年76岁，谥"文简"。

尤袤一生的主要成就在于他的诗歌创作和收藏了大量图书，并编写了我国最早的一部版本目录。

　　元代的方回曾谈到，南宋"中兴以来，言诗者必曰尤、杨、范、陆"。尤袤、杨万里、范成大、陆游并称为南宋四大诗人。可惜，尤袤的大量诗稿和其他著作以及三万多卷藏书，在一次火灾中全被焚毁了。我们现在见到的他的五十九首诗，是由他的后裔尤侗从一些选本、方志、类书中搜集到的。从这些残留诗篇的思想内容上看，尤袤与陆、杨、范三位诗人一样，都对当时南宋小朝廷一意偏安、屈膝投降流露出不满的情绪，对山河破碎、人民遭受异族压迫是十分忧愤的。如从《落梅》一诗中我们就可以看出诗人对国事的忧虑，对南宋朝廷不思恢复、陶醉于歌舞升平之中的愤懑：

　　"梁溪西畔小桥东，落叶纷纷水映红。五夜客愁花片里，一年春事角声中。歌残《玉树》人何在？舞破《山香》曲未终。却忆孤山醉归路，马蹄香雪衬东风。"从尤袤的残篇中，我们还可以看出诗人关心人民疾苦、不满苛征暴敛的情感。

尤袤的诗歌写得平易自然，晓畅清新，没有华丽的词藻也没有生僻的典故之句。《青山寺》可称为他现存诗歌中的代表作："峥嵘楼阁扞天开，门外湖山翠作堆，荡漾烟波迷泽国，空蒙云气认蓬莱。香销龙象辉金碧，雨过麒麟驳翠苔。二十九年三到此，一生知有几回来。"

在现存的尤袤诗歌中，下面这首《淮民谣》可算压卷之作：

东府买舟船，西府买器械。问侬欲何

为？团结山水寨。寨长过我庐，意气甚雄粗。青衫两承局，暮夜连勾呼，勾呼且未已，椎剥到鸡豕。供应稍不如，向前受笞箠。驱东复驱西，弃却锄与犁。无钱买刀剑，典尽浑家衣。去年江南荒，趁熟过江北。江北不可往，江南归未得。父母生我时，教我学耕桑。不识官府严，安能事戎行；执枪不解刺，执弓不能射。团结我何为，徒劳定无益。流离重流离，忍冻复忍饥；谁谓天地宽，一身无所依。淮南丧乱后，安集亦未久；死者积如麻，生者能几口？荒村日西斜，破屋两三家；抚摩力不足，将奈此扰何？

　　据《三朝北盟会编》载："绍兴三十一年，金主亮倾国入寇，尝以淮南置山水寨扰民。泰兴县令尤袤窃哀之，作《淮民谣》。"这首诗通过一个流离失所的淮民的口气，如泣如诉地将淮南人民在水深火热中的悲惨情

景，展现在人们的面前，字字句句震撼着人们的心灵。全诗未作雕饰，语言朴实无华，用白描的手法将诗人的激情表达出来，十分感人。

尤袤一生嗜书，早有"尤书橱"之称。他对于图书"嗜好既笃，网罗斯备"。凡是他没有读过的书，只要得知书名，他就要想尽办法找来阅读，读后不仅要做笔记，借来的还要抄录收藏。杨万里曾经描述他乐于抄书的情景："延之每退，则闭门谢客，日计手抄若干古书，其子弟亦抄书……其诸女亦抄书。"尤袤晚年告老还乡，旧宅在无锡县城内束带河，盖屋名"遂初堂"。他闭门谢客，以抄书为乐，命子女一起抄写，积至三万卷。他曾对杨万里说："吾所抄书若干卷，将汇而目之。饥读之当肉，寒读之当裘，孤寂而读之当朋友，幽忧而读之以当金石琴瑟也。"可惜家宅失火而被焚毁。在西水关梁河畔建一别墅，名为"乐溪居"，内有小楼，名

"万卷楼"。另在惠山之麓结屋数椽，名"锡麓书堂"，并把从祖尤辉的依山亭故址作为"遂初书院"。尤袤的这些遗迹，后陆续被毁，明清至民国又多次进行修复。

现存万卷楼在惠山天下第二泉南侧，上悬"万卷楼"一额，楼后有大厅三间，厅堂上悬"遂初堂"三字，两旁悬联："依然锡麓书堂，南渡文章，上跨萧杨范陆；允矣龟山道脉，东林弦诵，同源濂洛关闽。"锡麓书堂自明清以来多次重建，现存建筑是1959年改建而成，堂屋三间，立于惠山垂虹廊的石洞门上，石洞横梁上镌有"锡麓书堂"四个篆字。建筑飞檐翘角，雕花门窗，显得古朴典雅。如今物逝名存，追念先贤，令人肃然起敬。

尤袤墓位于无锡市西郊西孔山麓。墓地半抱青山，神道两侧尚存石马一对，通体雕饰羁、缰、鞍、镫等马具，似在整装待发。石马后有石武士一驱，戴盔披甲，双手拄剑，威风凛凛。石刻造像雄健浑厚，是江苏省内留存至今唯一的石翁仲，具有较为重要的历史和艺术价值。杨万里还记述一则故事，说他曾将其所著《西归集》《朝天集》赠送给尤袤，尤袤高兴地写诗酬谢："西归累岁却朝天，添得囊中六百篇。垂棘连城三倍价，夜光明月十分圆。"可见尤袤对书的嗜好之情。

由于尤袤酷好收集、珍藏书籍，加上他曾担任过国史馆编修、侍读等公职，有机会借阅朝廷三馆秘阁书籍，能够更多地抄录到一些一般人难以见到的书。因此，他的藏书十分丰富，其中善本、珍本亦很多。他的好友陆游曾在诗中描写他的藏书是"异书名刻堆满屋，欠身欲起遗书围"。

尤袤曾把家藏书籍"汇而目之"编成了《遂初堂书目》一卷。这是我国最早的一部版本目录，对研究我国古籍具有相当的参考价值。《遂初堂书目》把图书分成44类，从这本书目中可看出，尤袤的藏书包括经、史、子、集、稗官小说，释典道教、杂艺、谱录等等的内容。特别值得一提的是，尤袤十分重视收藏本朝书籍，本朝书籍约占他所收藏史籍总数的三分之一。他收藏的北宋《国史》，九朝具备，北宋《实录》不仅齐全，而且有多种版本。可惜一把大火之后，今天仅存《遂初堂书目》一部。